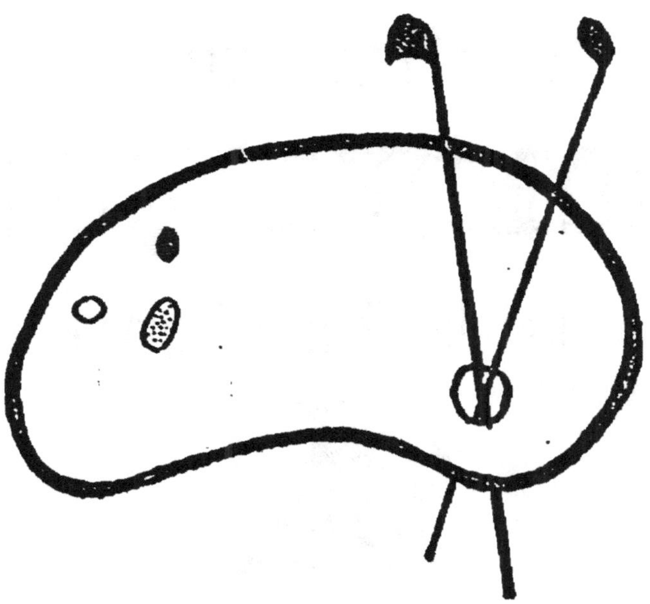

DEBUT D'UNE SERIE DE DOCUMENTS
EN COULEUR

Société des Publications Scientifiques

ROBERT CHAUVELOT

Un Grand Politique

S. M. L'EMPEREUR

MÉNÉLIK II

Roi des Rois d'Ethiopie

Ruines du Palais des Négus a Gondar

Illustré d'une Gravure de ce Souverain

PARIS

FRANCIS LAUR, Editeur

26, RUE BRUNEL, 26

1899

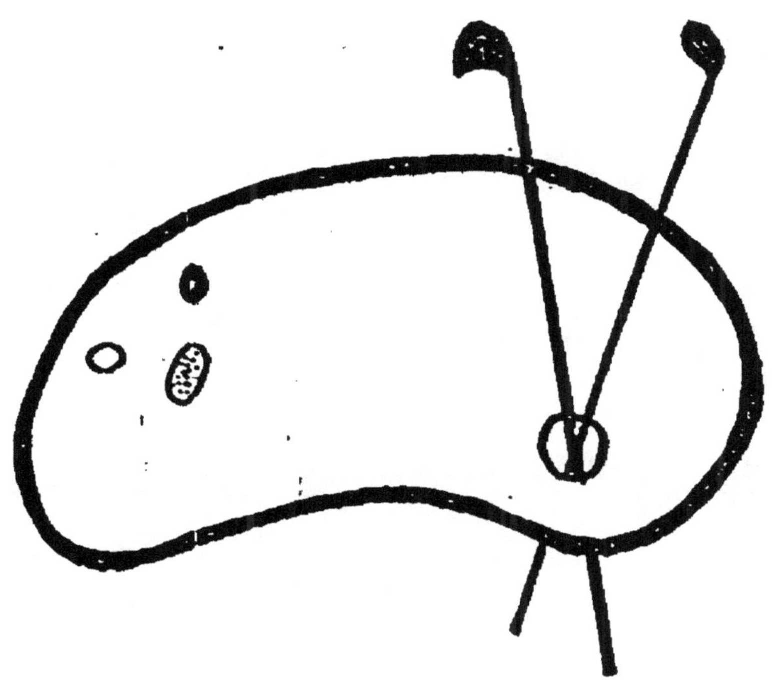

FIN D'UNE SERIE DE DOCUMENTS
EN COULEUR

UN GRAND POLITIQUE

S.M. l'Empereur Ménélik II

ROI DES ROIS D'ÉTHIOPIE

A MONSIEUR

C. Mondon-Vidailhet

Conseiller d'État de S. M. l'Empereur d'Éthiopie
Commandeur de l'Étoile d'Éthiopie
Chevalier de la Légion d'honneur et de
Sainte-Anne de Russie

Monsieur,

Personne, en France, n'a oublié la grande tâche patriotique à laquelle vous avez consacré une partie de votre existence, ni de quel succès elle a déjà été couronnée.

C'est, en vivant de longues années dans l'intimité du Négûs que vous avez appris à connaître et à aimer cet homme remarquable, ce puissant Souverain, qui vient d'étonner le monde, moins par ses exploits et sa science militaire, que par ses qualités personnelles et sa modération dans la victoire.

Plein de cette initiative et de cette énergie qui sont l'apanage de nos explorateurs, un Français sut développer alors chez l'Empereur Ménélik, un sentiment héréditaire dans sa famille : l'amitié de la France!...

Vous avez été ce Français, Monsieur Mondon-Vidailhet, et je ne crains pas d'affirmer que votre œuvre, à la fois politique, scientifique et morale, fut celle d'un modeste et d'un désintéressé.

Pouvais-je placer cette étude sous de plus favorables auspices?.....

— Le public français, souverain maître et critique, appréciera.

R. C.

SOCIÉTÉ DES PUBLICATIONS SCIENTIFIQUES

UN GRAND POLITIQUE

S. M. l'Empereur Ménélik II
ROI DES ROIS D'ÉTHIOPIE

CONFÉRENCE

PRONONCÉE A L'ÉCOLE DES SCIENCES POLITIQUES
27, rue Saint-Guillaume, 27

LE MERCREDI 18 JANVIER 1899

PAR

ROBERT CHAUVELOT

Élève à l'École des Sciences Politiques
(Section Diplomatique)

PARIS
FRANCIS LAUR, Éditeur
26, rue Brunel, 26

1899

SOCIÉTÉ DES PUBLICATIONS SCIENTIFIQUES

UN GRAND POLITIQUE

S. M. l'Empereur Ménélik II

ROI DES ROIS D'ÉTHIOPIE

CONFÉRENCE

PRONONCÉE A L'ÉCOLE DES SCIENCES POLITIQUES

27, rue Saint-Guillaume, 27

LE MERCREDI 18 JANVIER 1899

PAR

ROBERT CHAUVELOT

Élève à l'École des Sciences Politiques
(Section Diplomatique)

PARIS
FRANCIS LAUR, Éditeur
26, rue Brunel, 26

1899

S. M. l'Empereur MÉNÉLIK II

NÉ EN 1844

UN GRAND POLITIQUE

S. M. I. MÉNÉLIK II

ROI DES ROIS D'ÉTHIOPIE

Messieurs,

C'est avec un mélange de plaisir et de grand intérêt que j'aborde avec vous aujourd'hui l'étude d'une question dont l'actualité politique attirait tout récemment encore l'attention du monde européen ; je veux parler de l'Ethiopie, et spécialement du rôle de son souverain, S. M. l'Empereur Ménélik II (1), à l'égard de l'Europe et dans la question d'Egypte.

Toutefois, avant d'examiner directement l'objet de cette conférence et son point de vue diplomatique particulièrement intéressant pour nous, je vous demanderai la permission de vous donner rapidement une idée générale de la région éthiopienne et du peuple abyssin.

L'Abyssinie, ou mieux, l'Empire d'Ethiopie, présente à peu près la forme d'un triangle. Ses limites sont : au Nord, la rivière de Baraka et le Mont Bizen, un peu en dessous de l'Erythrée italienne ; à l'Ouest, le Soudan égyptien ; au Sud, la rivière de Doura et le pays des Dinkas ; à l'Est, enfin, le pays des Somalis. Cet empire n'occupe encore aucun point du littoral que se partagent l'Italie, la France et l'Angleterre. En effet, si nous descendons cette côte du Nord à l'Ouest nous rencontrons suc-

____

(1) Le véritable nom de ce prince est, en amharique : « _Ménilek._ »

cessivement les comptoirs de Massaouah, d'Adulis, d'Edd (1) et d'Assab, à l'Italie; de Périm, à l'Angleterre ; d'Obok, Tadjoura et Djibouti, à la France; de Zeïlah et de Berbérah, à l'Angleterre. C'est en partie à ce manque de territoire maritime qu'il faut attribuer le peu d'extension, jusqu'ici du commerce éthiopien, entravé dans sa marche par l'immense Désert des Danakils et des Somalis.

La division de cette vaste contrée est donc tout intérieure. Elle comprend trois grandes régions distinctes : la région de Tigré, au Nord, dont les villes principales sont : Antalo, Adoua et l'antique cité sainte d'Aksoûm ; la région du centre ou d'Amhara, dans laquelle se trouve Gondar, capitale de l'Empire (2) ; enfin l'ancien royaume de Choa, au Sud, dont la capitale était autrefois Ankober, puis Entotto, aujourd'hui remplacée par Addis-Ababa (la fleur nouvelle), lieu de résidence du Négùs (3) et principal centre d'affaires.

Je n'insisterai pas, Messieurs, sur la division géographique de l'Ethiopie; je préfère jeter maintenant avec vous un simple coup d'œil sur les systèmes orographique et hydrographique de la contrée. Il n'y a pas, en Abyssinie, de chaines distinctes de montagnes, mais bien seulement un énorme massif montagneux et irrégulier, dû à une superposition de plateaux déchirés formant eux-mêmes un grand nombre de pics. Ce massif, d'une hauteur moyenne de 3,000 mètres, s'élève parfois sur certains points jusqu'à 4,000 mètres et plus, tel par exemple le Mont Abba, dans la chaine du Sémen, qui compte 4,660 mètres d'altitude. Ce qui donne un aspect tout particulier à cette région, et en fait une véritable Suisse Africaine, c'est la violence avec laquelle tous les cours d'eau se précipitent dans les vallées étroites et y creusent des lits profonds. Aussi la plupart des versants sont-ils taillés à pic, ne permettant à beaucoup de villages placés sur l'arête en nids d'aigle, d'être accessibles aux habitants qu'au moyen d'échelles de cordes. On voit souvent par suite, pendant la saison des pluies, ou même après un

---

(1) Les comptoirs d'Adulis et d'Edd ont appartenu à la France jusqu'en 1861.

(2) Gondar n'est que la capitale nominale de l'Ethiopie.

(3) Négùs : prononcez : « Négous ».

simple orage, les torrents et les rivières doubler tout à coup de volume et entrainer avec eux les hommes et les bestiaux surpris par l'inondation.

La chaine du Sémen dont nous parlions tout à l'heure divise le pays en deux systèmes différents de cours d'eau : au Nord, le bassin du Tigré, arrosé par le Taccazé ou Nil Noir ; au Sud, le bassin d'Amhara qui renferme en sa partie centrale le lac Tana ou Dembéa, situé à près de 2,000 mètres d'altitude, dans lequel se déverse une multitude de rivières dont la principale est l'Abaï. Ajoutons pour terminer, que la région du Choa est arrosée par la plupart des affluents de l'Aouache, à l'ouest, et de la Djamma au centre.

Passons maintenant, si vous le voulez bien, Messieurs, à un léger aperçu du peuple éthiopien, non sans dire toutefois auparavant, un mot de son ethnographie.

Les Ethiopiens sont loin d'être, comme on le croit généralement en Europe, le produit de deux simples races nègres : il est aujourd'hui formellement établi qu'ils descendent d'une race aborigène de l'Afrique et de colons venus de la Haute-Egypte. Leur histoire, fort ancienne et des plus curieuses, suffirait d'ailleurs à le démontrer, si les traits de leur visage, réguliers et assez semblables à ceux des Européens du Sud n'établissaient déjà entre eux et les nègres, une différence évidente et marquée.

Le caractère propre de ce peuple a, de tous temps, été guerrier et conquérant : c'est ce qu'ont récemment prouvé, dans la remarquable étude sociale qu'ils en ont faite, MM. Demolins et de Préville. Ce dernier constate, en effet, que la plupart des dominateurs de l'Afrique sont descendus des hautes montagnes du Nord-Est et des plateaux de l'Ethiopie pour se répandre bientôt sur tout le continent en fournissant à nombre de régions et de tribus leurs rois et leurs chefs ; on en a même trouvé, ajoute M. de Préville, dans la partie Nord-Ouest de l'Afrique et jusqu'en Guinée. De cette étude des races nègres, au point de vue social, ressort évidemment l'importance du rôle des Ethiopiens, rôle qui pourrait peut-être amener, dans la suite, la solution de bien des questions en Afrique.

L'aspect de l'Abyssin est facile à reconnaitre, ses traits réguliers et son teint généralement olivâtre ayant, comme je le disais tout à l'heure, une assez grande analogie avec celui des Européens du Sud ou encore, des habitants des Côtes Barbaresques. Certains croisements de race ont assurément plus ou moins bronzé la couleur de leur peau, mais sans jamais les rapprocher entièrement du type nègre.

Et ce qui corrobore en cette matière les données de l'histoire et de la science, c'est leur langue, ou plutôt leurs langages, car on peut ramener à deux, suivant le judicieux classement de M, Mondon-Vidailhet, (1) les principaux dialectes employés en Abyssinie. Ce sont : le ghez, d'abord, ou *vieil éthiopien*, usité seulement aujourd'hui dans la liturgie de l'Eglise et qu'un savant linguiste français, Balbi, rattache à la famille des langues sémitiques ; puis l'amharique (ou *ambarinia*), abyssin vulgaire actuellement parlé dans toutes les parties de l'empire. Signalons aussi le *tigrégnia* et l'*agaou*, dialectes spéciaux à certains Abyssins du Nord et du Sud. Sur le littoral se parlent en outre l'arabe et le somali ; au sud du Choa, les Gallas ont conservé leur idiome national.

J'ai parlé du ghez ou langue liturgique, et, à ce propos, je croirai bien faire en vous rappelant, Messieurs, que les Ethiopiens, ou du moins la plupart, sont chrétiens monophysites, d'après le rite oriental de l'Eglise Copte d'Alexandrie (2). C'est même le patriarche de cette ville qui nomme l'*abouna* ou métropolitain d'Ethiopie et l'investit dans ses fonctions. Chose curieuse, malgré son adhésion aux dogmes du christianisme, l'Eglise éthiopienne a conservé, encore aujourd'hui, certains usages judaïques comme la circoncision, par exemple, et certaines autres coutumes locales dont plus d'un Européen croirait devoir s'offenser à bon droit. De même pour les mœurs : bien que la polygamie soit interdite en droit, elle se pratique souvent en fait, les Abyssins ne se faisant pas scrupule de prendre autant de femmes qu'ils ont les moyens d'en entretenir.

(1) M. Mondon-Vidailhet, bien connu pour ses remarquables études sur l'Ethiopie, enseigne aujourd'hui l'amharique à l'Ecole spéciale des Langues Orientales Vivantes de Paris.

(2) Le christianisme a été introduit en Ethiopie par Saint-Frumence, au IV° siècle ; mais ce n'est qu'après le Concile de Chalcédoine (378-454) que l'Eglise éthiopienne, ayant embrassé l'hérésie d'Eutychès, se sépara définitivement de l'Eglise catholique.

Par contre, leur sobriété est proverbiale, et les gourmets parisiens voyageant en Éthiopie s'exposent, sans le savoir, à de cruels mécomptes, surtout s'ils n'ont pas la bonne fortune de tomber sur quelque *gleber* (festin) offert par l'Empereur ou l'un des Grands de sa Cour.

Rien, cependant, dans les ressources économiques du pays ne semble devoir justifier ce manquement aux principes essentiels de l'art culinaire : l'Éthiopie, surtout en sa partie Sud-Ouest, est fort riche en bestiaux et gibiers de toutes sortes qui trouvent dans les fertiles pâturages du Choa une nourriture facile et abondante (1). Les céréales y poussent avec une telle intensité qu'en cultivant quelque peu le sol, on arriverait à lui faire produire jusqu'à deux et même quelquefois trois récoltes par an : c'est du moins l'opinion d'un grand nombre de voyageurs français peu sujets à l'exagération. Les mêmes voyageurs ajoutent que le miel et le beurre s'y trouvent en de telles quantités que les habitants font fermenter le premier pour en tirer une sorte d'hydromel appelé *telch*, et emploient le second à... s'oindre les cheveux, mode prisée surtout, parait-il, par le beau sexe du pays !...

A vrai dire, les principales productions de l'Éthiopie consistent aujourd'hui dans l'exportation de l'or en anneaux, le commerce du café, de l'ivoire, sans oublier celui, moins important, de la civette. En fait de métaux, l'on y rencontre l'or, le fer et l'argent dans un grand nombre d'endroits ; la houille n'a point encore paru, mais Ménélik comprenant les avantages qu'il pourrait tirer d'une telle exploitation, a promis une forte récompense à celui de ses sujets qui, le premier, découvrirait le gisement tant souhaité.

Tel est, Messieurs, l'aperçu, rapide autant que possible des connaissances qu'il nous fallait avoir sur l'Éthiopie, avant d'aborder le rôle politique d'un de ses plus grands enfants et d'étudier en l'Empereur Ménélik, les qualités d'un administrateur et d'un conquérant où la générosité s'allie à la diplomatie, le sentiment sincère à l'intérêt calculé, et chez qui l'on découvre à la fois du Richelieu et de l'Alexandre.

(1) Une violente épizootie (peste bovine) a décimé, en 1897, une grande partie des troupeaux en Abyssinie, enlevant ainsi à la contrée une de ses principales richesses.

L'Empereur Ménélik, dont le véritable nom est Sahala Mariem, est né, en 1844, d'Haëli Mélicoth, roi du Choa, lequel descendrait, croit-on, de Ménélik I, fruit de l'union passagère du Roi d'Israël, Salomon, et de la célèbre Reine de Saba que la tradition nomme le plus souvent Balkis ou Makeda.

Cette illustre origine est-elle authentique et directe ?... On tendrait généralement à le croire, car la filiation dont parlent les historiens et les légendes ne semble pas avoir subi, en son cours, d'interruption notable ni d'altération marquée. Les textes se fussent-ils d'ailleurs montrés obscurs sur ce point que je n'en persisterais pas moins, pour ma part, dans cette tendance, et que je croirais retrouver en Ménélik II, par un singulier phénomène d'atavisme, comme un reflet de la sagesse et de l'antique splendeur de son glorieux aïeul, le Sage des Sages, Salomon, roi d'Israël.

Ménélik n'est point, en effet, un homme ordinaire : fils d'un roitelet d'Afrique, il est parvenu par sa seule intelligence et sa seule énergie à triompher d'un usurpateur violent et à dominer successivement les autres souverains d'Abyssinie, en réunissant dans sa main les trois couronnes de Tigré, d'Amhara et de Choa, par son sacre définitif d'empereur d'Ethiopie.

Je croirai donc faire œuvre diplomatique, Messieurs, en vous résumant ici brièvement son histoire (1).

Dès la mort de son père. en 1856, le jeune Sahala Mariem, à peine âgé de douze ans, dut suivre à Gondar où il fut gardé sept ans prisonnier, l'usurpateur Kassà. un ancien gouverneur de ville qui, par la violence, s'était emparé du trône sous le nom de Théodoros III. Ayant réussi à s'échapper, grâce à des prodiges d'adresse et de prudence, Sahala Mariem rentra dans le Choa où il ne tarda pas à se faire reconnaitre, à Ankober, comme successeur de son père, Haëli Mélicoth, sous le nom de Ménélik II, roi de Choa. Ses premières campagnes contre Théodoros ne furent pas heureuses : aussi, renonçant pour un temps à réduire ce puissant adversaire, tourna-t-il son activité vers l'Ouest. C'est alors qu'il conquit successive-

(1) « Ce que je vois de beau en aultruy, je le loue et l'estime très
« volontiers; voire j'enchéris souvent sur ce que j'en pense, et me
« permets de mentir jusques là, car je ne sçais point inventer un
« subject fauls. » Montaigne : Essais. II, 17.

ment de 1860 à 1887, le pays des Gallas et le Godjam ; puis, à l'Est, le Harrar, et enfin, au Sud, le royaume de Kaffa qu'il annexa peu de temps après, au royaume de Choa.

Mais toutes ces conquêtes ne l'empêchaient point de continuer à se poser en prétendant de droit divin, en face de l'usurpateur de la couronne d'Ethiopie. En effet, quelques années après la mort de Théodoros, en 1868, Ménélik qui avait d'abord commencé par lutter sans résultats contre son successeur, l'Empereur Johannès, ex-prince de Tigré, n'essaya point, en profond politique, de remonter le courant, et, attendant un moment plus propice, il se reconnut vassal.

C'est alors qu'apparaît toute la diplomatie de ce conquérant qui, peu à peu et sans secousse, amena le Négùs lui-même à lui donner son fils, le Ràs Aréa pour gendre, et à déclarer que nul autre que Ménélik ne lui succéderait à l'empire. De son côté le roi de Choa reconnaissait officiellement le Ràs Aréa pour son héritier direct. Malheureusement cet échange de courtoises concessions ne donna lieu, alors, à aucune solution : le Ràs Aréa mourut, et l'empereur Johannès fut tué, peu de temps après, dans une guerre contre les Derviches, à la bataille de Matama (10 mars 1889).

A qui donc allait échoir ce vaste empire d'Ethiopie?... Les grands dignitaires et les ràs, vice-rois assez semblables aux *duces* (ducs) mérovingiens (1), se réunirent à cet effet, en assemblée extraordinaire : certains d'entre eux proposèrent alors la candidature du Ràs Mangascia (ou Mangacha), fils naturel du souverain défunt dont les dernières paroles l'avaient, disaient-ils, désigné comme son successeur. Mais celui-ci, malgré cette déclaration, ne recueillit que peu de voix, et le 4 novembre 1889, Ménélik était solennellement reconnu et sacré, Empereur et *Négousa-Nagast*, c'est-à-dire Roi des rois d'Ethiopie.

Quant au Ràs Mangascia qui s'était révolté contre le nouvel élu, battu par les armes, il se soumettait bientôt et recevait de Ménélik la vice-royauté de Tigré, sa vie durant : nous avons vu depuis combien le Négùs devait regretter plus tard ce trait d'indulgence et de générosité (2).

(1) En temps de guerre les ràs jouent le rôle de maréchaux.

(2) Ce ràs dont la carrière n'a été en quelque sorte, qu'une suite de révoltes et de soulèvements contre Ménélik, vient récemment

Vous connaissez tous à peu près, Messieurs, la seconde période de l'histoire de Ménélik qui nous est d'ailleurs contemporaine, puisqu'elle va de 1889 à nos jours et qu'elle relate des événements dont notre presse a, plus ou moins exactement, parlé. Vous savez donc comment l'Italie, désireuse d'adjoindre le Tigré à sa possession de l'Érythrée, amena le trop confiant souverain à signer avec elle, en mai 1889, et par l'entremise du comte Antonelli, le traité d'Ucciali, suffisamment ambigu pour placer Ménélik et son empire sous l'influence et la domination italiennes. Vous n'êtes pas non plus sans ignorer comment le Négus, devinant le piège, dénonça le traité, donnant acte de cette décision à l'Italie et à la France ; et vous vous rappelez sans doute aussi comment les troupes italiennes, ayant franchi sans déclaration de guerre, les limites réglées par le traité, s'attirèrent la haine et le mépris des Abyssins qui, dans la solennelle déclaration de Boroméda s'engagèrent tous à mourir plutôt que d'abandonner aux étrangers un pouce de la patrie abyssine.

Je n'insisterai pas, par sentiment de pure délicatesse, sur le désastre final des armées italiennes à Amba-Alaghi et à Adoua, ni sur leur triste capitulation en 1896, et je m'efforcerai, Messieurs, de vous tracer maintenant, aussi nettement que possible le portrait physique et moral du héros, — car c'en est un — que vous voulez bien étudier aujourd'hui avec moi.

J'emprunterai donc, d'abord, la description physique de notre personnage à l'un de nos plus récents écrivains sur l'Éthiopie, M. le marquis de Nadaillac, auteur d'un article sur la mission Rodd envoyée en 1897 par l'Angleterre au Négus. M. de Nadaillac déclare s'être servi dans son article, du récit du Comte Gleichen, un des membres de la mission, et d'autres documents mis à sa disposition (1).

« Arrivés à la porte de *l'adérash* (salle de réception), dit M. de Nadaillac, les membres de la mission descendirent de leurs mules, et furent introduits en présence du Négus. Celui-ci était

____

de faire sa soumission solennelle à l'autorité du Négus, dans l'Église d'Endamariam, en présence du Névraïd de Gondar.

(1) Cet article a paru dans les numéros du 25 septembre et du 10 octobre dernier du *Correspondant*.

assis sous un dais, à l'extrémité de la salle, revêtu de son costume de gala ; un voile de mousseline blanche descendait sur son dos et était rattaché sur son front par des rubans de soie verte. Sur ses épaules on avait jeté un manteau de velours violet surchargé de plaques d'argent et il portait, non sans un certain orgueil, les grands cordons de la Légion d'Honneur et de Catherine de Russie. Sa taille approche de 6 pieds ; il est solidement bâti ; sa peau est d'un noir d'ébène, ses moustaches et sa barbe frisent naturellement. Il est fortement marqué de la petite vérole et toute son apparence serait des plus communes, si son visage n'était relevé par un sourire gracieux, par de magnifiques dents et surtout par des yeux brillants de fierté et d'intelligence » (1).

Au moral, l'Empereur donne lieu à une étude des plus intéressantes : d'une intelligence hors ligne et possédant au plus haut degré la faculté d'assimilation, il est remarquable autant comme organisateur que comme guerrier, et paraît supérieurement doué pour la politique.

Les grandes réformes intérieures qu'il a entreprises dans l'ordre administratif, religieux, juridique, militaire et fiscal attestent l'esprit positif, investigateur et scientifique d'un penseur doublé d'un mystique : comme tel, d'ailleurs, Ménélik affecte une sobriété et une simplicité excessives. D'un abord facile et sympathique, il jouit parmi ses sujets d'une réputation de bonté naturelle qui le pousse souvent à l'indulgence. Il semble rechercher d'ordinaire la société des Européens où il espère trouver des inventions et des idées nouvelles, susceptibles de lutter contre les coutumes barbares de son pays qu'il déplore et combat le plus souvent. Patriote dans l'âme, et d'un patriotisme ardent qui n'exclut pas un certain fond d'esprit pratique, il a favorisé le commerce et donné de l'essor à l'industrie locale, en faisant bon accueil aux étrangers et en construisant à ses frais des ponts et des routes, grevant ainsi son budget, déjà peu considérable, de travaux d'utilité publique (2).

(1) *Correspondant* du 25 septembre 1898.

(2) Ménélik, soucieux de l'hygiène publique de ses sujets a, sur les conseils de M. Ilg et des docteurs Wurtz et Fenski, rendu le 12 mai 1898, un édit obligatoire de vaccination. (cf. *Semaine médicale* du 7 décembre 1898).

Ses vues sont larges, aussi bien en religion qu'en politique où il fait preuve de tendances libérales et démocratiques qui qui semblent jurer avec la constitution féodale de son empire ; nouveau Saint-Louis, il écoute, parfois pendant des heures entières les réclamations de ses sujets qui viennent jusqu'aux portes du palais crier : « Justice ! ».

Et cette justice, Ménélik n'est pas seul à la leur rendre : il se trouve en effet assisté d'un Grand Juge, ou *Affä-Négus*, dont les avis et les sentences sont l'objet du plus grand respect et de la plus profonde vénération de la part des Abyssins. Ce n'est pas tout : tandis que l'Empereur se sentait dans la personne de ce Grand Juge, un remplaçant ou plutôt un *alter ego*, en matière judiciaire, il trouvait chez sa femme, l'Impératrice Taïtou, un précieux et utile conseiller, aussi bien pour la politique étrangère que pour l'administration intérieure et locale. Cette princesse, issue d'une illustre famille de Gondar, a fait maintes fois preuve en effet d'une intelligence remarquable et d'une volonté de fer contre laquelle se sont brisés tour à tour les artifices de la diplomatie italienne et anglaise. Aussi peut-on dire que cette souveraine a contribué pour beaucoup, dans sa sphère, aux succès politiques et à la gloire dont jouit aujourd'hui son époux. Celui-ci est d'ailleurs admirablement secondé par l'habile et intelligent concours des râs et des grands dignitaires du royaume.

Ce sont, pour n'en citer que quelques-uns : le Râs Darghé, oncle du Négus ; le Râs *dedjazmatch* (1) Oueldé-Guéorguis ; le Râs Makonnen, ex-gouverneur du Harrar, aujourd'hui prince et vice-roi du Tigré ; le Râs Olié frère de l'Impératrice Taïtou ; le Râs Mangascha-Tekem, conseiller de l'Empire (2) ; les *ghérazmatch* Joseph et Sélaschi ; le *cagnazmatch* Ouaké, et enfin le prince Biratou, qui fit partie de l'ambassade éthiopienne dernièrement envoyée par Ménélik, en France.

Je ne puis m'empêcher, également, de rendre ici justice à l'heureuse influence et aux sages cons.ils de notre compatriote M. Mondon-Vidailhet, et de M. Ilg, ingénieur suisse né à

---

(1) *Dedjazmatch* (général de corps d'armée), *ghérazmatch* (général de l'aile gauche) ; *cagnazmatch* (général de l'aile droite).

(2) Ne pas confondre ce Râs avec le Râs Mangascia (ou Mangacha), bâtard de l'Empereur Johannès.

Zurich qui, pendant plus de vingt ans a servi le Négùs, en qualité de ministre des affaires étrangères; M. Ilg, déjà commandeur de l'Étoile d'Éthiopie, vient d'être récemment promu à la dignité d'Excellence *Bitouddel*, ou « Conseiller intime du Roi des rois d'Éthiopie ».

Je terminerai, Messieurs, cette esquisse de l'Empereur et de ses principaux auxiliaires, par une considération personnelle qui, je le crois, résume assez bien l'homme et le souverain tout entier. Jadis, on vit dans les temps reculés de l'histoire, une ancêtre de Ménélik, la Reine de Saba, venir demander à Salomon, des leçons de sagesse; peut-être verrons-nous, par un retour étrange, l'Empereur Ménélik donner, lui-même, aujourd'hui, l'exemple de la sagesse aux souverains d'Europe.

Le chef est grand, certes !... mais la nation l'est-elle ?... Quelles sont ses ressources ?..., et de quelles forces, en un mot, peut elle disposer pour assister ce chef dans l'accomplissement de ses grands desseins?... Telle est la question qui se pose maintenant à nous : elle a une importance capitale, car c'est en somme, le problème de toute la politique éthiopienne, tant à l'égard des petits états de l'Afrique qu'à celui des grandes puissances européennes.

On n'a encore donné aucune évaluation exacte de la population de l'Éthiopie, autrefois estimée à 7 ou 8 millions d'habitants, mais ce chiffre parait au-dessous de la vérité, lorsqu'on songe aux armées considérables qui ont permis au Négùs Johannès d'écraser en 1876 les troupes égyptiennes, à la bataille de Goura, et, vingt ans plus tard, à l'Empereur Ménélik d'anéantir l'armée italienne de Baratieri, à la sanglante bataille d'Adoua. Il me serait donc difficile de vous donner le total net de la population éthiopienne et des petits États vassaux ou tributaires de l'Empire.

Toujours est-il qu'à l'heure où je vous parle l'Empereur se trouve à la tête d'une armée régulière de près de 300.000 hommes, fort bien exercée, abondamment pourvue d'excellents fusils Gras ou Remington et de munitions de toute sorte, assistée d'une artillerie de montagne (1) trainée par de

(1) Cette artillerie, outre les 49 pièces prises aux Italiens, à Adoua, s'est accrue dernièrement de quelques nouveaux canons à tir rapide.

forts mulets et d'une cavalerie légère très redoutable. Ajoutons qu'en temps de guerre viendraient s'ajouter les cohortes indigènes des royaumes alliés du Négus.

Imaginez, Messieurs, l'armée anglo-égyptienne que vous voudrez, en présence de troupes aussi considérables et aussi bien armées ; mettez-là aux prises, dans cette contrée pittoresque et sauvage, avec ces montagnards vigoureux et intrépides, dont le seul métier, même en temps de paix, est la guerre, avec ces escadrons et ces tribus du Sud éthiopien qui ne trouvent de satisfaction que dans la mort et le pillage ; ajoutez-y l'appui que leur procurent les charges répétées d'une cavalerie bien conduite et le feu soutenu d'une artillerie bien servie. Vous aurez beau combiner les tactiques les plus savantes, les manœuvres les plus hardies, il vous faudra céder devant le nombre, et ce que toute la diplomatie d'un Chamberlain ou d'un Salisbury n'avait pu réaliser dans les salons ou dans les Cours d'Europe, la supériorité numérique d'une armée aguerrie le fera brutalement au désert.

L'Angleterre le sait bien, et cette considération n'a pas été sans l'inquiéter dans la question d'Égypte et de Fachoda : reine incontestée des mers, dès qu'il lui faut quitter le pont d'un navire pour un terrain plus solide, son flegme habituel semble lui échapper à la pensée qu'elle se retrouvera en présence de cet antipathique suzerain, le « *droit des gens* », qu'elle prend d'ordinaire tant de plaisir à braver impunément sur les mers.

Elle n'ignore pas enfin que les Éthiopiens, surtout lorsqu'on les attaque injustement, exercent envers leurs ennemis, les plus rigoureuses représailles (1).

Car c'est un *væ victis* terrible et sans appel que les sujets du Négus ont de tous temps lancé à leurs ennemis : Ménélik, lui-même, n'a pu arracher entièrement les bataillons décimés de Baratieri, des mains de ses soldats ivres de vengeance, et bien des mères, bien des épouses ont dû porter là-bas le deuil d'un fils, d'un époux ou d'un père !

(1) Jusqu'en 1896 les Gallas exerçaient sur leurs vaincus l'odieuse pratique de la castration, croyant arrêter ainsi la descendance de leurs ennemis. Les derniers édits de Ménélik, semblent par leur rigueur, devoir hâter bientôt la disparition complète de cette coutume barbare.

Est-ce à dire pour cela que l'Italie ait voué une haine implacable au peuple du Négus, et qu'aucune tentative de conciliation même diplomatique, ne soit désormais possible entre les deux pays ? — Loin de là.

L'Italie qui, sur les conseils de Crispi, ne rêvait rien moins, en 1895 que l'annexion pure et simple de l'Éthiopie septentrionale à sa colonie de l'Érythrée, est revenue aujourd'hui à de plus sages résolutions ; et, son intérêt l'y poussant, elle s'est efforcée de renouer avec Ménélik, les bonnes relations d'autrefois. Ce dernier, tout en affectant à l'égard de ses vaincus, une sorte de bienveillante commisération, ne semble se soucier que fort médiocrement de ces nouvelles marques de sympathie qui pourraient bien, d'après lui, conduire à quelque nouveau traité d'Ucciali.

Désormais édifié sur la politique du roi Umberto et sur l'état d'âme de ses sujets, Ménélik ne parait point devoir se départir, à leur égard, d'un calme plein de prudence et d'une réserve toute diplomatique à l'abri de laquelle, il peut, plus à son aise, surveiller les menées italiennes.

C'est du moins ce qu'il ferait croire par sa courtoise attitude envers le capitaine Ciccodocola, chef de l'ambassade envoyée en novembre dernier, à Addis-Ababa (1). Son intérêt l'obligerait, d'ailleurs, à cacher son jeu de toutes façons, car Massaouah, capitale de l'Érythrée, constitue l'un des principaux débouchés de son commerce qui trouve, il est vrai, aujourd'hui, une exportation plus avantageuse et plus étendue dans nos possessions d'Obok et de Djibouti.

Ceci nous amènerait tout naturellement à parler de la politique du Négus à l'égard de la France, si avant d'en examiner les motifs et les mobiles, il ne nous restait à dire un mot, d'une prétendue *politique nouvelle* de Ménélik à l'égard de notre alliée, la Russie.

On a beaucoup parlé, ces temps derniers, d'une mission russe en Abyssinie, à la tête de laquelle se trouvait une figure sympathique à la France, M. Léontieff qui fut un chaud partisan de notre alliance avec sa patrie.

(1) D'après le rapport, peut-être trop optimiste, de l'amiral Canevaro, Ménélik aurait manifesté au capitaine Ciccodocola, son désir de vivre désormais en paix et *amitié* avec le gouvernement italien.

Ayant moi-même maintes fois constaté combien nous, Français, mêlons à tort nos propres impressions à la simple réalité des faits, et combien souvent nous sommes portés, par nos aspirations naturelles à faire en politique, du sentiment, voire même à caresser des utopies, j'ai voulu consulter ici la raison plus calme, plus froide, et je dois le dire aussi, plus compétente en cette matière de quelques Russes distingués.

Tous ont été d'accord pour m'affirmer qu'en Russie, la mission Léontieff n'était point considérée comme devant avoir beaucoup de portée dans l'avenir, et que si son chef semblait agir auprès de Ménélik dans l'intérêt de son pays et de ses compatriotes (ce qui pouvait bien être) il agissait en même temps et surtout pour son propre compte. Du jour où M. Léontieff, ajoutaient-ils, dépassera la limite que semble lui fixer jusqu'ici l'assentiment tacite de son gouvernement, il courra fort le risque d'être officiellement désavoué.

Telle est aussi, je crois, Messieurs, la meilleure opinion que nous puissions nous faire sur l'idée d'une alliance entre Négus et Tsar. En ce qui me concerne, je ne croirai voir dans ce rapprochement amical des deux souverains, qu'un désir légitime, d'une part, pour la Russie, de trouver en Afrique, (étant donné surtout la conformité de religion), une terre hospitalière a ses nationaux expatriés, en même temps qu'un débouché pour ses produits (1) ; et, d'autre part, qu'un sentiment d'amour-propre flatté, pour l'Empereur d'Éthiopie, de se sentir au nord de l'Europe, une grande nation amie qu'elle sait unie de plus, par les liens d'une alliance formellement établie, à son autre grande amie du sud, la France.

Le moment me semble venu de passer maintenant à notre politique à l'égard du Négus. Les rapports de la France avec l'Éthiopie, et principalement avec son Souverain actuel offrent aujourd'hui tous les caractères d'une alliance que n'auraient point officiellement ratifiée des traités spéciaux entre les deux pays. En effet, la politique de Ménélik, surtout depuis les dernières années de son règne, semble s'être particulièrement

____

(1) On a prêté aussi à la Russie l'intention de masquer notre jeu en Abyssinie : cela serait-il, que celle-ci n'accomplirait alors que son devoir et son *intérêt* d'alliée.

tournée vers la France. Est-ce par sympathie ?... Est-ce par intérêt ?... — Je ne crains pas d'affirmer que c'est pour l'une et l'autre cause.

Le caractère généreux et franc de la nation française, opposé à la fourberie italienne et à l'égoïsme anglais a véritablement séduit ce Souverain, comme il séduit, il faut bien le dire, tout ce qu'il y a au monde de grand, de loyal et de beau. Et cette sympathie, je dirai plus, ce penchant manifeste du Négûs pour la France que semble partager, du reste, la presque totalité de son entourage, ne consiste pas seulement en de banales phrases, en de vagues promesses ; elle s'est affirmée par des actes, et des actes assez généreux pour me permettre de dire que si l'Empereur Ménélik n'avait été Éthiopien, il eût été Français !...

Il me sera d'ailleurs facile de le prouver.

En 1870 et 1871, lors de nos derniers désastres, tandis que toute l'Europe indifférente laissait notre pays livré aux mains des reîtres germaniques, tandis que ces nations latines, elles-mêmes, en faveur desquelles on parle tant aujourd'hui, prononçaient sur le sort de notre malheureuse patrie le *Finis Galliæ* ou le *Je m'en lave les mains !* de Pilate, il y eût, au centre de l'Afrique équatoriale, un grand, un noble cœur que n'avaient point encore corrompu les lâchetés de notre civilisation moderne et qui seul, au milieu de cet abandon général, ne craignit pas de tendre une main secourable à la pauvre vaincue, en lui offrant officiellement la plus grande partie de ses trésors pour payer sa rançon, « pour racheter, comme il disait, la chère France... ! »

Ce grand et noble cœur, ce généreux ami, vous l'avez deviné comme moi, Messieurs, c'était le Souverain dont j'ai pris à cœur de glorifier aujourd'hui les mérites avec vous, c'était cet Empereur, ce Roi des rois, à qui l'on pourrait ajouter parmi tous ses titres de gloire, celui, non des moins éclatants, de fidèle ami de la France.

C'est une bien belle leçon de générosité qu'a donnée là ce monarque africain aux souverains de l'Europe, c'est aussi l'une des plus belles pages du Livre d'or de notre reconnaissance que, s'il venait en France, l'Empereur Ménélik pourrait lire au cœur même de chaque Français.

Cette sympathie si vivement témoignée dans les jours d'adversité où d'ordinaire, comme l'a si bien dit le poète latin : «... *solus eris!...*», s'est depuis accrue de jour en jour, et je n'insisterai pas sur les nombreux traits de délicatesse du Négûs envers nos compatriotes, ni sur le magnifique accueil fait à nos envoyés en Ethiopie. Je n'essaierai point non plus de vous décrire la tristesse manifestée par Ménélik à la nouvelle de l'assassinat de notre regretté président, M. Carnot qui, quelques années auparavant, lui avait fait remettre le Grand-Cordon de la Légion d'honneur. Je ne ferai que vous signaler en passant la visite solennellement rendue par l'Empereur, lui-même, à notre ministre, M. Lagarde (1), fait absolument unique en son genre et que me relatait, il y a quelques jours encore, M. Vignéras, secrétaire de la mission. Ce sont là des détails où ma sentimentalité naturelle de Français pourrait m'entrainer trop loin et me faire quitter, peut-être, mon attitude diplomatique du commencement.

La Sympathie est déjà, certes, un grand moyen d'union entre deux peuples, mais combien plus réel et combien plus puissant est l'Intérêt, ce mobile de presque toutes les actions humaines!... Il n'est sans lui d'alliance efficace ni d'union sérieuse, et c'est lui qui semble avoir ici dicté. au Négûs et à ses ministres leur plan de conduite à l'égard de la France.

Cet intérêt n'est pas seulement politique : il est encore économique et social.

Ce qu'a voulu trouver en effet Ménélik au début de sa carrière, c'est pour l'Ethiopie, à la fois une *alliée* et une *amie*.

Une *alliée*, en tant que prête à la seconder et à marcher côte à côte avec elle, suivant les circonstances, contre l'ennemi commun, et cela, pour la défense réciproque d'intérêts menacés; une *amie*, en tant que messagère de paix, de progrès et de colonisation, non de cette colonisation par le fer et l'alcool, non de cette pacification par les armes et l'occupation forcée, mais de cette douce et sage éducation des peuples qui, utilisant à propos les découvertes de la civilisation moderne, sait ménager aussi les susceptibilités naturelles d'une nation jeune et défiante.

(1) Cette visite était jusqu'alors interdite par les règles du protocole éthiopien.

Quel fut alors le raisonnement du Négùs ?... Et de quel peuple européen fit-il choix, pour l'aider dans l'accomplissement de ses grands desseins ?...

L'Italie ?... — Un traité, puis une guerre lui apprirent vite à la connaitre ; et ce n'est pas en la versatilité italienne qu'il plaça ses espérances.

L'Angleterre ?... — Dès son plus jeune âge, Ménélik eut à la craindre mais non à l'aimer ; encouragé plus tard dans ces tendances par sa femme, l'impératrice Taïtou, trop intelligente pour être favorable aux Anglais, il comprit bien vite que la Grande-Bretagne agirait à l'égard de son empire, comme elle avait agi à l'égard du khédivat d'Égypte, c'est-à-dire qu'elle le leurrerait longtemps de brillantes promesses, et que, profitant du premier trouble intérieur venu, elle ne se ferait aucun scrupule de le *pacifier*, c'est-à-dire de l'ériger désormais en vassal pour l'exploiter plus librement, sous des dehors d'humanité.

Or Ménélik, en sa qualité d'Éthiopien et, comme tel, connaissant bien son peuple, ne voulait à aucun prix se placer sous la dépendance quelconque d'un État de l'Europe. Par contre, il n'ignorait pas que, lorsqu'un peuple, (extraeuropéen bien entendu), refuse délibérément la courtoise *aide et protection* de Sa Gracieuse Majesté, la Reine d'Angleterre, Impératrice des Indes, la même Majesté dans un but tout charitable et tout humain naturellement, ne se fait pas défaut de la lui imposer le plus gracieusement possible par les armes.

Que fit le Négùs, en profond diplomate qu'il était ?... Comprenant le danger, et voyant près de ses frontières une grande nation forte, celle-là, sur terre et sur mer, dont les vues politiques désintéressées et l'histoire coloniale avaient tout lieu de mériter sa confiance, il n'hésita pas à renouveler à cette puissance les marques d'amitiéet de bienvenue dont son aïeul Sahala Sallassié l'avait saluée, quelques années auparavant, dans la personne de son envoyé, M. Rochet d'Héricourt, chargé par Louis-Philippe, en juin 1843, de la rédaction d'un traité d'alliance entre le roi de France et le roi de Choa (1).

(1) Nos relations amicales avec l'Éthiopie ne datent ni d'aujourd'hui, ni même de 1843 ; il faut remonter aux règnes de Louis XIII et de Louis XIV pour en trouver l'origine.
(Consulter à ce sujet l'« Histoire des relations de la France avec

Dès lors la politique de Ménélik s'orienta vers la France qu'il croyait la plus apte à répandre dans son pays les germes de la civilisation et de progrès destinés à faire de l'Éthiopie, la maitresse du Nord-Est africain. L'achat par la France, d'Obok d'abord, de Tadjoura et de Djibouti (1) ensuite, situés à proximité d'Aden et sur la route des Indes lui assura en outre pour son commerce un débouché, tout autant fréquenté, si ce n'est plus, que ceux de Massaouah et de Zeilah. Aussi fut-il question, dès 1896, de construire une voie ferrée qui joindrait Djibouti à Addis-Ababa, en passant par Harrar. Le projet, présenté il y a quatre ans par M. Ilg et un négociant français, M. Chefneux, avait reçu l'approbation de l'Empereur, mais n'avait malheureusement pu être mis à exécution, les ràs s'étant alors violemment opposés au passage d'une voie ferrée sur leur territoire. Aujourd'hui, grâce à la persévérance et à l'habileté de ses concessionnaires, la ligne de Djibouti à Harrar vient d'atteindre son quarantième kilomètre. Mais la majeure partie du commerce d'exportation et d'importation se fait par caravanes qui, partant de Djibouti, passent soit par Harrar, soit directement par Ankober, pour aboutir toutes à Addis-Ababa, centre de toutes les affaires (2).

Outre cette considération, purement économique, Ménélik s'est rendu compte de l'importance stratégique en temps de guerre de la baie d'Obok et Tadjoura qui, quelque peu fortifiée, fournirait aux vaisseaux de notre flotte, une rade excellente, avantage que n'ont pas, sauf Massaouah, les autres comptoirs de la côte.

Tout cet état de chose n'a pas été sans satisfaire grandement le Négùs; et l'on ne peut s'étonner alors du magnifique accueil qu'il a fait à nos compatriotes, notamment à M. Mondon-Vidailhet, au prince d'Henri d'Orléans, à M. Bonvalot, et surtout à M. Lagarde lors de sa dernière mission que vous con-

l'Abyssinie chrétienne de 1634 à 1706 » Paris 1892, par le Vicomte de Caix de Saint-Aymour).

(1) Nos comptoirs d'Obok, Tadjoura et Djibouti portent aujourd'hui le nom de « Protectorat de la Côte d'Obok et des Somalis. »

(2) Le téléphone dirigé par des employés français, relie déjà Harrar à Addis-Ababa : il a été installé tout récemment par nos compatriotes, en mai 1898.

naissez tous, Messieurs, et qui, par son éclat, a surpassé toutes les précédentes.

Quelle a été maintenant l'attitude de nos voisins d'Outre-Manche à l'égard de l'Empereur Ménélik, et quelle sera, croyons-nous, la politique de ce dernier, lors du règlement retardé, mais inévitable de la question d'Egypte?...

La question d'Egypte a été, et est encore le problème vivant de ce siècle : l'Europe laissera-t-elle, sous le fallacieux prétexte d'un pacification en temps de paix, l'Angleterre maitresse et suzeraine de l'Égypte nous fermer à son gré l'entrée de la Mer Rouge ? ou arrachera-t-elle enfin cette partie de l'Afrique des mains rapaces de la puissance anglo-saxonne?...

Ménélik dont l'empire est un des plus vivement intéressés à en connaitre la solution, s'est bien gardé d'accepter sans les analyser les riches présents et les belles promesses du gouvernement anglais :

« *Timeo Danaos, et dona ferentes!...* »

Sa politique à l'égard de l'Angleterre le prouve assez; mais il serait, croyons-nous, difficile de bien la comprendre et de bien l'approfondir, si nous ne remontions pas, dans l'étude des relations éthiopiennes et anglaises, un peu avant l'avènement de l'Empereur Ménélik, c'est-à-dire sous le règne de Théodoros.

Ces relations, d'amicales qu'elles étaient d'abord, commencèrent déjà à se tendre vers 1856. En effet, Théodoros à l'apogée de sa carrière, conçut le plan d'un vaste empire éthiopien dont il serait le Chef suprême et incontesté. Pour arriver à ses fins, il ne crut mieux faire que de s'adresser au consul anglais Cameron, sollicitant son concours dans l'accomplissement de cette grande tâche. Mais ce dernier, se retranchant derrière ses fonctions publiques, repoussa l'offre du Négus. Théodoros irrité de cette déconvenue, autant que du mauvais vouloir du gouvernement britannique, fit charger de chaines Cameron avec d'autres Anglais et Européens, qu'il enferma dans sa forteresse de Magdala.

L'Angleterre n'ayant pu obtenir, après réclamation, la délivrance des prisonniers, résolut d'employer la force, et la guerre fut décidée. Elle fut préparée avec le plus grand soin par le

commodore sir Robert Napier et le colonel Merewether qui n'hé-
si ' pas, pour arriver jusqu'à Magdala, à franchir les hautes montagnes de l'Est avec éléphants et bagages. Le succès ne tarda
pas à couronner son entreprise : Théodoros qui avait à combattre sur bien des points des rébellions individuelles dut, malgré
son énergie et sa bravoure, abandonner successivement les
villes d'Addigrat et d'Antalo. Vaincu, peu de temps après, à la
bataille d'Arogié, il se donna la mort au moment où les Anglais pénétraient dans sa citadelle de Magdala presque réduite
en cendres. L'Angleterre satisfaite récompensa les princes rebelles à Théodoros dont elle fit emmener le fils à Londres pour
y être élevé (1); puis l'armée anglaise se réembarqua bientôt,
en juin de la même année, laissant le pays aux mains du chef
des rebelles, le prince de Tigré, connu plus tard sous les noms
de roi Jean et d'empereur Johannès.

Les relations entre la Grande-Bretagne et l'Ethiopie avaient depuis cette campagne, subi, comme bien l'on pense, quelque
refroidissement; mais après la mission de M. Lagarde (2), l'Angleterre, s'émouvant assez vivement de ce qu'elle appelait *les
intrigues françaises*, et voulant à tout prix détruire cette influence, *néfaste* d'après elle, brigua, à son tour, comme la
France, comme la Russie, sa mission en Abyssinie.

Cette mission, elle l'obtint en 1897 des mains mêmes de Sa
Gracieuse Majesté qui chargea, pour la circonstance, un de ses
meilleurs diplomates, M. Rodd, d'effacer chez Ménélik, par de
somptueux présents et de brillantes promesses, les souvenirs
de 1868, plutôt amers pour le peuple éthiopien. Le prétexte fut,
cette fois, une rectification de frontières entre le Somaliland anglais et l'Abyssinie.

Ladite mission partit de Zeïlah le 19 mars de la même année et s'arrêta d'abord à Harrar où le gouverneur, le Râs Makonnen, un des héros de la dernière guerre, fit aux Anglais le
plus cordial accueil ; je m'empresse d'ajouter, pour l'honneur
de l'armée britannique, que leurs brillants uniformes rouge-ho-
mard produisirent sur les Harraris, la plus belle impression.

(1) Ce prince nommé Alamayou mourut à Londres en 1880.
(2) M. Lagarde, gouverneur du protectorat français de la Côte
d'Obok et des Somalis, porte aussi le titre de « ministre plénipo-
tentiaire de France en Ethiopie ».

Mais M. Rodd ne s'attarda pas dans les délices de la Capoue éthiopienne : il avait hâte d'arriver à Addis-Ababa, véritable but de sa mission. Cette hâte fut cause qu'arrivés trois jours à l'avance, c'est-à-dire le 26 avril, nos Anglais furent tous désappointés de ne voir personne les attendre à l'entrée de la capitale et de manquer ainsi tout leur effet !...

Faisant contre mauvaise fortune bon cœur, ils ne tardèrent pas à se consoler de ce petit mécompte en usant très largement de l'hospitalité du Négùs, souverain peu rancunier, du moins en apparence. En effet, celui-ci, en dehors de la politique, se montra envers eux le plus cordial et le plus charmant du monde.

« Mais lorsqu'il s'agit de traiter, dit M. de Nadaillac, Ménélik rendu plus méfiant par le traité d'Ucciali et ne connaissant d'ailleurs que sa langue maternelle, se montra très anxieux de la signification précise du traité qu'on lui présentait. Il fallut même établir un troisième texte en français qui devait être considéré comme définitif, au cas de divergence entre les textes anglais et amharique. » — Le traité fut signé le 14 mai 1897 : il assurait aux sujets britanniques la liberté commerciale et le traitement des négociations indigènes ; Ménélik s'engageait en outre à interdire, par tous les moyens de son pouvoir, le transit par ses États des armes et des munitions destinés aux Maddhistes qu'il proclamait ennemis de son empire.

Quant à la rectification de frontières entre le Somaliland et l'Abyssinie, prétexte de la mission, elle fût confiée aux soins du Râs Makonnen (1) et de M. Rodd. Ceux-ci, à leur retour à Harrar, en arrêtèrent la ligne sous condition que cet accord serait d'abord ratifié par leurs propres gouvernements, puis annexé au traité.

Tel est, Messieurs, le résumé des relations anglaises et éthiopiennes de 1856 à nos jours.

Que faut-il en penser ?... Et quel jugement doit-on porter, en particulier, sur ce dernier traité d'Addis-Ababa, conclu sous les auspices de M. Rodd ?...

— Ce que nous pensons et jugeons, nous-mêmes, de ce traité de commerce franco-italien rédigé, il y a quelques semaines en-

---

(1) Le râs Makonnen est neveu de Ménélik par sa mère Tanina Ouerk, sœur du Négùs : c'est, comme son oncle, un ami du progrès et de la France.

core, et qui, s'il nous unit économiquement à l'Italie, ne nous interdit pas pour cela de conserver à l'égard de ce peuple, ami en temps de paix, ennemi en temps de guerre, notre liberté politique et, je dirai plus, nos propres sentiments.

Or l'Angleterre, en s'assurant par le traité de 1897, l'amitié purement économique du Négûs et de ses sujets, n'a pu également se concilier (c'est du moins l'aveu tacite de M. Rodd que ne se l'est pas dissimulé) l'amitié politique d'un peuple qu'elle aurait tout intérêt à diriger et à dominer en Afrique : un obstacle l'arrête dans ses prétentions; et cet obstacle, nous ne le connaissons malheureusement que trop actuellement, c'est la question d'Égypte, c'était, hier, celle de Fachoda.

La France éprouve aujourd'hui le contre-coup de sa politique de 1875 à 1882. En effet, du jour où mal conduite et mal dirigée, elle laissa, en 1875, le gouvernement britannique acheter, par lord Beaconsfield, les 177.000 actions du Canal de Suez que possédait à titre privé le khédive Ismaïl, l'Égypte fut à jamais perdue pour nous.

L'histoire semblait bien pourtant nous avoir donné sur la politique anglaise de dures et pénibles leçons, tant au Canada qu'aux Indes, et il fallait vraiment l'imprudente naïveté d'un Gambetta, inféodé aux doctrines d'un Guizot, pour croire à la possibilité, dans la question d'Égypte, d'un *Condominium* efficace et durable, ou, plus encore, à celle, chimérique, d'une alliance avec l'Angleterre.

Ce n'est donc pas seulement à l'incapacité politique de MM. Waddington et Barthélemy Saint-Hilaire, ni aux hésitations de M. de Freycinet qu'il faut imputer uniquement les responsabilités de ce désastre, en réalité presque aussi terrible pour nous, dans ses conséquences économiques et coloniales, que, quelques années auparavant la perte de l'Alsace-Lorraine ; c'est encore à la légèreté de Gambetta qu'il les faut attribuer ; c'est aussi au manque d'initiative de notre Parlement d'alors ; c'est enfin, et surtout, à l'incompréhensible abstention de ce Conseil des ministres qui, le 11 juillet 1882, signifiait à l'amiral Conrad, commandant en chef de la flotte française en vue d'Alexandrie, l'ordre d'avoir à s'éloigner au plus vite de la côte, et de baisser ainsi pavillon devant l'escadre Seymour en train de bombarder la ville !...

Que de responsabilités ! et, en même temps, pour nous, que de tristes conséquences !

Notre échec d'hier à Fachoda (il serait imprudent de nous le dissimuler aujourd'hui) n'est, en vérité, que le résultat lent et progressif de toutes nos concessions à l'Angleterre, concessions que rien ne devait justifier dans l'avenir, sinon l'inconcevable impéritie des gouvernants d'alors. Ne dirait-on pas, en effet, par leur faute, que la France ait alors pris plaisir à tirer les marrons du feu pour l'Angleterre, en dotant l'Égypte de ses chemins de fer du Delta et de son Canal qui a déjà rapporté plus de un milliard au commerce anglais ?...

— Je n'entreprendrai point ici, Messieurs, de synthétiser avec vous les diverses phases par lesquelles notre situation en Égypte, prépondérante et privilégiée jusqu'en 1875, s'abaissa peu à peu devant l'influence anglo-saxonne qui lui imposait bientôt, à quelque temps de là, un régime de co-administration ou Condominium, puis en 1883, une abstention complète, pour aboutir enfin à l'humiliant ultimatum de 1898, résultat des fautes commises et conséquence normale de toute l'histoire du Soudan égyptien. Un tel sujet ne rentrant que très accessoirement dans le cadre de mon étude, il me semble préférable d'examiner la question sous un jour plus nouveau et, j'ajouterai même, plus rempli de conjectures et de probabilités.

L'Angleterre dont le prétexte avait été, en 1882, l'expulsion des hordes de l'agitateur nubien Arâbi, s'était, l'on s'en souvient, formellement engagée à rendre, après la « *pacification* », des comptes à l'Europe et à l'Égypte, elle-même ; il sera bientôt temps de les rendre, et les Égyptiens (1) n'ont pas oublié le discours que prononçait le 5 mars 1883, M. Gladstone, à la Chambre des Communes :

« Nous sommes en Egypte *non comme maîtres*, mais comme amis et conseillers du gouvernement égyptien, pour plusieurs

(1) Nous entendons par là le parti national égyptien dont le principal chef était Nubar-Pacha, décédé dans le courant de janvier 1899. Ce parti national, opposé au parti anglo-égyptien, s'efforce aujourd'hui de soustraire l'Egypte à la domination anglaise (Cf. « L'Egypte », revue bi-mensuelle publiée à Paris, organe français de ce parti).

objets que nous nous sommes proposés ; d'autres nations ont également en Égypte des intérêts et des droits *aussi définis et aussi incontestables* que les nôtres Le gouvernement ne reconnait donc pas à notre pays, dans cette affaire, des intérêts égoïstes et particuliers, séparés des intérêts généraux des nations civilisées, et, qui doivent être poursuivis d'une façon égoïste et étroite (1). »

S'il avait été donné à l'intègre M. Gladstone de vivre quelques mois de plus et d'être encore témoin de l'attitude de l'Angleterre à Fachoda envers l'Égypte et ces *mêmes nations civilisées*, il eût certes trouvé, dans les faits, une étrange contradiction à ses paroles. Or, c'est précisément sur cette déclaration et sur les événements qui l'ont suivie que s'est réglée la politique actuelle de Ménélik, désormais édifié sur la valeur d'un engagement britannique.

Les faits ne nous permettent plus de douter aujourd'hui des intentions du Négus dans la question égyptienne, et ce n'est plus un mystère pour personne qu'en octobre dernier, un corps éthiopien d'environ 20.000 hommes fut dirigé par Ménélik aux environs de Fachoda, pour surveiller les bords du Nil et appuyer au besoin l'héroïque petite troupe de Marchand. Le véritable but de cette armée était donc, au fond, de défendre, avec nos vaillants explorateurs, le sol africain contre les prétentions des envahisseurs, qui ne rêvaient rien moins, suivant le plan de sir Cecil Rhodes, que de relier par la voie télégraphique le Cap et Alexandrie. Ménélik, dont la capitale n'est éloigné de Fachoda que de 188 lieues (2), sent bien tout le danger d'un tel voisinage. Or, comme il y va des intérêts supérieurs de son peuple et de sa couronne, il se tient toujours sur une prudente défensive en temps de paix, n'hésitant pas, en cas de guerre à se déclarer l'adversaire ou l'ennemi des Anglais, comme il le fit en 1895, à l'égard des Italiens. Seulement il sent bien, par contre, que, pour aboutir à

(1) Ces paroles de M. Gladstone rappellent ce que disait un an auparavant le général Wolseley dans sa Proclamation du 19 août 1882 : « Le gouvernement de Sa Majesté a envoyé des troupes en Égypte, dans le *seul* but de rétablir l'autorité du Khédive ».

(2) A vol d'oiseau, naturellement.

un résultat sérieux et définitif, sa politique ne saurait agir seule, mais qu'elle doit se régler autant que possible sur celle de ses lliées, la France, et par suite la Russie.

Or si la France n'a pas, en octobre 1898, suivant le desieratum du Foreign-Office, précipité la solution de la crise égyptienne, en déclarant ouvertement la guerre à l'Angleterre (plus certaine de nous vaincre aujourd'hui que demain) c'est pour des motifs d'un ordre supérieur et que personne n'ignore aujourd'hui.

Tout d'abord Fachoda, dans sa situation géographique, apparaissait à nos ministres, comme une place inutile et inappréciable au point de vue colonial à qui ne possédait pas ou les sources, ou l'embouchure du Nil.

En second lieu, trois obstacles se dressaient infranchissables aux yeux de nos gouvernants. C'était d'abord l'immobilisation de notre alliée, la Russie, dans les glaces de la Baltique, et l'impossibilité où elle se trouvait également de faire diversion dans les défilés, obstrués par la neige, du Pamir et de l'Hindou-Kouch; puis la trop grande concentration de notre flotte, dans la Méditerranée, au détriment de nos côtes de la Manche et de l'Océan; enfin et surtout l'insuffisance manifeste de nos forces maritimes comparées à celle de la Grande-Bretagne, insuffisance contre laquelle s'efforce de lutter maintenant la jeune marine, j'entends les nouvelles conceptions de la science navale, dont les partisans sont actuellement représentés par MM. Lockroy, Humann, et Fournier.

Félicitons-nous donc (tout amour-propre national hors de cause) d'avoir, grâce à la prudence et à l'habileté de nos ministres, MM. Delcassé, Trouillot et Lockroy, évité à la France un désastre imminent et inévitable, un Sedan maritime qui eût achevé la ruine de notre crédit dans le monde.

Tout nous fait espérer aujourd'hui que Ménélik a compris, du fond de son empire, la cause de ce recul qui n'est, souhaitons-le, qu'un élan pour mieux sauter, car la question d'Égypte se dresse toujours, comme un Sphinx redoutable, à la face du XX⁰ siècle qui va s'ouvrir et de la France qui n'a pas dit son dernier mot à l'Angleterre.

Ce n'est pas, en effet, l'occupation anglo-égyptienne des marais de Fachoda qui a empêché le brave commandant Marchand et ses courageux compagnons, de poursuivre leur exploration et d'en atteindre le but final en se rendant auprès du Négûs, pour regagner ensuite Djibouti ; — ce n'est pas une prise de possession brutale ou un ultimatum insolent qui empêcheront nos trois couleurs d'avoir successivement flotté de la côte du Congo à la côte d'Obok, en apprenant, malgré eux, à nos voisins d'Outre-Manche qu'ils ne seraient plus seuls désormais à combattre, les progrès du maddhisme dans les déserts du Khordofan et dans les plaines du Bahr-el-Gazal.

Et quand j'affirme que la France n'a pas dit son dernier mot à l'Angleterre, je ne crois pas si bien dire, car est il une question toute nouvelle qui, dans peu, passionnera les esprits tout autant que la crise égyptienne, c'est la question du lac Tchad et des territoires qui l'avoisinent, le Baghirmi, le Ouadaï et le Darfour, que la récente exploration de M. Gentil nous a révélés comme se rattachant de bien près à la question d'Égypte, et comme intéressant au plus haut point la France, l'Angleterre et aussi l'Éthiopie.

Lord Salisbury dont la politique, à l'égard de la France en Afrique a toujours été, suivant ses propres paroles, de *« laisser au coq gaulois le plus de déserts et de sables pour se gratter à son aise les ergots et les ailes »*, lord Salisbury, dis-je, n'avait point fait au Soudan et dans le Sahara d'opposition sérieuse à nos tentatives de colonisation(1). Mais lorsqu'il s'agit, non plus des déserts algériens et soudanais, mais des plaines fécondes et des oasis fertiles situées au Sud du Lac Tchad, le ministre anglais dressa l'oreille ; et, voyant la France s'établir au Baghirmi et menacer peut-être de s'étendre au delà du Ouadaï, (c'est-à-dire non loin du Darfour), il s'empressa de contester à notre pays la possession du Ouadaï, trouvant en la personne du Rabah de Bornou et de Sokoto, ancien esclave du trafiquant Zobéir-pacha, un auxiliaire tout dévoué à ses projets.

La situation, pour favorable qu'elle nous soit, n'a pas changé aujourd'hui : l'influence française se fait toujours vivement sen-

(1) Nous ne saurions mieux faire que d'appliquer au lord-ministre, auteur de la spirituelle boutade précitée, le joli mot, tout aussi fin et plus profond peut être, de notre éminent professeur M. Albert Sorel, de l'Académie Française :
« Ne demandez jamais à un Anglais..... de n'être pas anglais ! »

tir sur certains points du Ouadaï, au grand désappointement de la vieille Angleterre.

La raison s'en explique aisément, le Ouadaï faisant immédiatement suite au Baghirmi français et n'ayant que peu de points de contact avec les possessions anglaises environnantes.

Il y aurait là pour nous, un intérêt des plus sérieux au point de vue colonial, le Ouadaï et le Darfour étant très étendus en territoire, très peuplés, très fertiles, bref, renfermant en eux une foule de ressources qui feraient doubler d'importance notre possession déjà exploitée du Baghirmi. Au point de vue politique, il ne s'agirait rien moins pour la France et l'Éthiopie que de bloquer les Anglais entre le Baghirmi et l'Abyssinie, en resserrant la région anglo-égyptienne du Khordofan, du Bahr-el-Gazal et de la Nubie méridionale, dans un demi cercle menaçant. Aussi le Négus pourrait-il fort bien accueillir le projet d'établissement, dans ces contrées, de postes d'observation franco-abyssins tendant à élargir notre zône d'influence et à relier entre elles les frontières du Bahr-el-Gazal français et du Sud-Ouest éthiopien.

Maddhistes et Snoussistes ont déjà recruté, dans ces parages, nombre d'affiliés, et menacent tous les jours de s'étendre davantage : Ménélik n'aurait donc point de peine à masquer alors sa conduite sous un faux air de croisade que, bon gré mal gré, l'Angleterre se trouverait obligée d'accepter. — N'est-ce pas elle, en effet, qui, tout récemment encore, lui faisait prendre, à Addis-Ababa, l'engagement de combattre sur tous les points de son empire la secte dangereuse et fanatique du Maddhi ? . . .

De cette nouvelle question, à la fois politique et coloniale, ressortent une fois de plus les multiples avantages qui résulteraient pour nous et pour les sujets du Négus, d'une politique parallèle et d'une entente entre les deux pays.

Ce qu'il faudrait maintenant à l'Éthiopie, c'est une organisation militaire encore mieux conditionnée qu'aujourd'hui, surtout au point de vue de l'artillerie et de l'intendance, les deux facteurs principaux des guerres d'aujourd'hui et des guerres de demain. La France trouverait alors en elle une alliée des plus utiles en même temps qu'un obstacle des plus sérieux aux beaux projets de l'Angleterre et de sir Cecil Rhodes.

Espérons-le, Messieurs, car il y va de notre intérêt colonial et de nos débouchés industriels et commerciaux en cette partie de l'Afrique où se trouvent encore cachées tant de richesses, et que cette fin de siècle n'a qu'à peine explorée.

La France avec un allié comme Ménélik et des héros de la trempe d'un Morès ou d'un Marchand y est capable de grandes choses; mais elle ne peut les accomplir qu'à l'aide d'un déploiement considérable de forces navales perfectionnées, et d'une habile direction politique et coloniale.

C'est l'avenir de la jeune marine; — c'est aussi, celui de la jeune diplomatie que je vous souhaite, à tous, Messieurs et chers Camarades de représenter brillamment un jour.

Robert CHAUVELOT,

Élève à l'École des Sciences Politiques.

Paris, le 18 Janvier 1899.

Table des Matières

Société des Imprimeries Techniques FRANCIS LAUR
26, Rue Brunel, Paris.

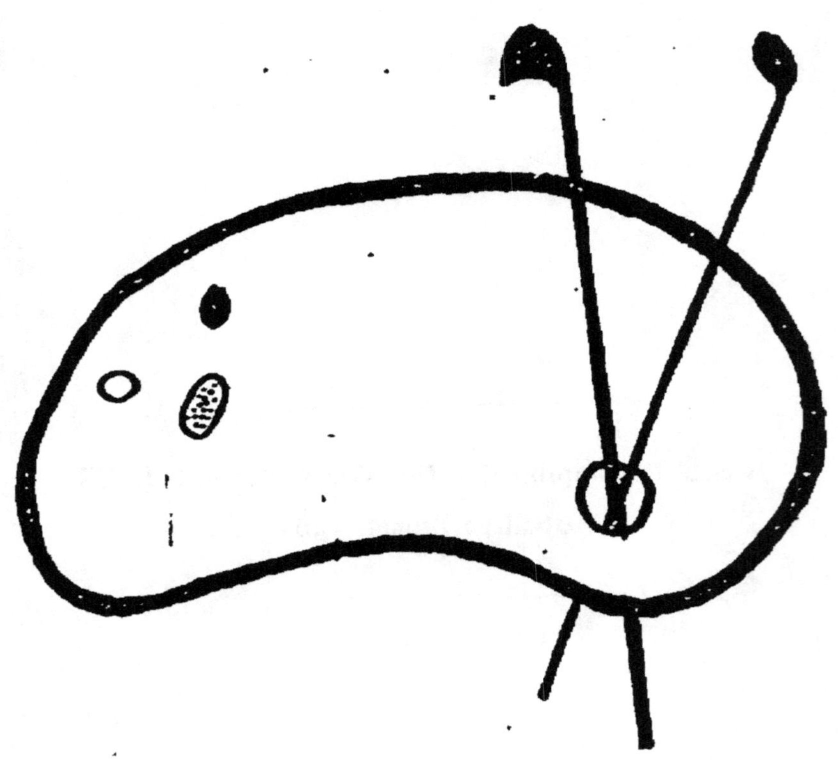

ORIGINAL EN COULEUR
NF Z 43-120-8